Meine erste Tier-Bibliothek

Die Ziege

Text von Jean-François Noblet
Fotos von der Agentur COLIBRI und Jean-François Noblet

ess!inger

Tagsüber klettern die Ziegen gern im Gebirge. Die Nächte verbringen sie vor Kälte und Nässe geschützt im Stall.

Über Stock und Stein

Der Ziegenhirte öffnet die Stalltür. »Mäh! Mäh!« Meckernd laufen die Ziegen in die Berglandschaft hinaus. Hopp! Sie hüpfen, klettern und machen Bocksprünge – aus lauter Freude an der Bewegung. Während sie sich an den Büschen und Sträuchern satt fressen, behalten sie die Leitziege immer im Auge.

Schreckhaft

Manche Ziegen haben Hörner und einen Kinnbart, andere nicht.
Alle Ziegen sind lebhaft und misstrauisch. Wenn man sich ihnen vorsichtig nähert, stellen sie die Ohren auf und kommen neugierig heran. Doch bei der kleinsten hektischen Bewegung springen sie zurück und wenden sich unter lautem Niesen und Schnauben ab. Schon ein unbekanntes Geräusch oder ein Regenschauer können in der Herde Panik auslösen.

 Der Bock (das Männchen) hat große Hörner und einen Kinnbart. Er riecht anders als die Weibchen.

Zwei Klauen aus Horn bilden den Huf. Sie wachsen ständig nach, wie unsere Nägel.

Die Augen der Ziege liegen seitlich am Kopf. So kann sie rundherum alles sehen. Die Pupille ist waagrecht, das sieht ungewöhnlich aus.

 Der kurze Ziegenschwanz ist meist ausgestreckt. Einige Rassen haben unter dem Hals zwei Hautanhänge, die so genannten Glöckchen.

 Die kleine Zicke frisst gerne die Stachelkugeln der Weberkarde.

 Ziegen reißen das Gras ab statt es abzubeißen, und schlingen es schnell hinunter.

 Ziegen fressen täglich zwei Kilo Gras oder Heu. Dazu kommen ein Kilo Getreide, Salz und Wasser.

Leckermaul

Ziegen fressen am liebsten viele verschiedene Dinge und sind deshalb im Freiland ständig in Bewegung. Hier ein Blatt, dort ein Halm, hier eine Blüte, dort ein Spross – Ziegen sind wählerisch, was ihr Futter angeht.

In freier Natur stehen stark riechende Nadelgewächse wie Ginster und Brombeersträucher ganz oben auf dem Speiseplan. Auch im Ziegenstall fressen sie nur, worauf sie Appetit haben.

 Ziegen klettern sogar auf Sträucher, um an die leckere Rinde und die Blätter heranzukommen.

Verdauen dauert

Wenn die Ziegen ihr Futter herunterschlingen, landet es in einem Magen mit vier Kammern. Aus der ersten Kammer, dem Pansen, gelangt es noch mal in kleinen Portionen ins Maul zurück. Die Ziegen kauen diese noch mal durch, deshalb nennt man sie Wiederkäuer. Wenn alles zu Brei geworden ist, geht die Verdauung im Darm weiter. Es dauert eine Weile, bis das Futter richtig verdaut ist.

 Die runden schwarzen Ziegenköttel sind Dünger für die Wiesen.

 Ziegen schlafen nachts, aber auch nachmittags machen sie gern ein Verdauungsschläfchen.

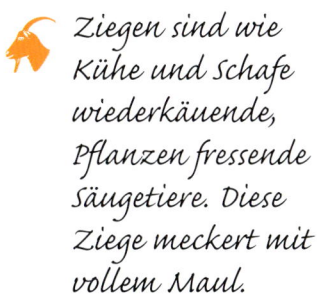 Ziegen sind wie Kühe und Schafe wiederkäuende, Pflanzen fressende Säugetiere. Diese Ziege meckert mit vollem Maul.

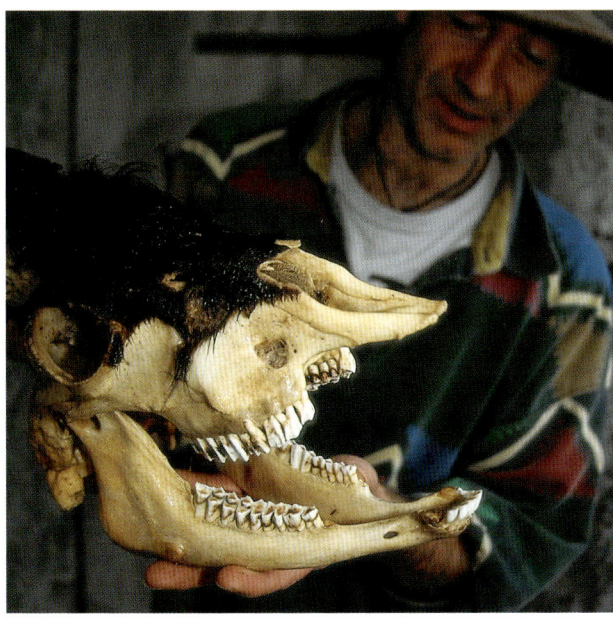

 Ziegen haben im Oberkiefer weder Eck- noch Schneidezähne.

Der Ziegenbock

Im September kommt Bewegung in die Herde, denn ein Bock wird zu den Ziegen gebracht. Peng! Das kräftige Männchen versetzt dem Zaun einen festen Stoß mit seinen Hörnern. Damit will er den Ziegen zeigen, wie stark er ist. Dann läuft er um die Ziegen herum und sieht sie sich genau an. Der Bock ist sehr aufgeregt und frisst kaum etwas. Er streckt den Schwanz in die Luft und stellt seine Mähne auf.

 Der Hirte lässt für wenige Tage einen Bock zu seinen Ziegen. So kann er das voraussichtliche Geburtsdatum der Zicklein errechnen.

Mit zurückgezogenen Lippen wittert der Bock den Geruch der brünstigen Weibchen.

Der Bock verströmt besonders am Kopf einen starken Geruch, um die Ziegen anzulocken. Wenn er riecht, dass ein Weibchen bereit ist, kommt es zur Paarung. Fünf Monate später bringt die Ziege ein oder zwei Zicklein zur Welt.

Die Zicklein

Kurz vor der Geburt wird die Ziege unruhig. Sie meckert, dreht sich im Kreis, legt sich hin und steht wieder auf.

 Das Zicklein kommt mit dem Kopf voraus zur Welt.

 Das Ziegeneuter hat nur eine Brustdrüse, aber zwei Zitzen. So können auch Zwillinge gemeinsam saugen.

Wenn die Zicklein zwei Wochen alt sind, sprießen die Hörner.

Kurz darauf kommt ein hübsches, nasses Zicklein zur Welt.
Die Ziege leckt es trocken und hilft ihm aufzustehen. Auf wackligen Beinen sucht das Zicklein die Zitzen seiner Mutter. Mmm, die warme Milch tut gut!

Zicklein saugen an allem und jedem, an den Ohren und den Haaren, ja sogar an den Fingern!

Zehn Tage nach der Geburt fressen die Zicklein bereits Gras, aber sie werden noch 6 oder 7 Wochen lang gesäugt.

Bocksprünge

Im Frühling werden die Zicklein von den ausgewachsenen Tieren getrennt. Sie spielen den ganzen Tag auf der Weide. Hopp, das war ein gewagter Sprung! Peng! In einem Kämpfchen messen sie ihre Kräfte. Manchmal werden die Hörner abgeschliffen, damit die Ziegen sich dabei nicht verletzen.
Mutterziegen, die nicht gemolken werden, bleiben bei ihren Zicklein, hüten und säugen sie.

Die Zicklein bereiten sich durch Spiele und kleine Balgereien auf ihr Leben in der Herde vor.

In der Herde findet jeder seinen Platz.

Herdentiere

Die Ziegenherde braucht ein Leittier, das sie führt. Im Frühling und im Herbst kämpfen die Ziegen miteinander und stoßen sich dabei mit den Hörnern. Mit gesenktem Kopf und gesträubtem Fell geht die stärkste und erfahrenste Ziege forsch drauflos. Wenn sie den Kampf gewinnt, bleibt sie das Leittier, darf immer als Erste fressen und wird die Herde anführen, wenn sie weiterzieht. »Klingeling, folgt mir!«

 Ziegen sind nicht gern allein. In der Herde fühlen sie sich sicher.

 Die Leitziege trägt eine Glocke.

Frechdachs

Ziegen sind schlaue Tiere. Sie hören auf ihren Namen und sind leicht zu zähmen.

 Der Bock würde gerne über den Zaun springen, um die Zweige abzufressen. Nichts kann ihn aufhalten!

 Die abenteuerlustigen Ziegen lieben das Klettern über alles. Sie haben einen guten Gleichgewichtssinn, sind sehr beweglich und geschickt.

 Ein weiches Sofa für die Hühner! Ziegen haben gerne Gesellschaft.

 Wenn Ziegen sich gut auskennen, stöbern sie überall herum.

Aber sie machen von morgens bis abends nur Dummheiten. Sie werfen Milcheimer um, öffnen Tore, heben Schranken mit dem Kopf, schlitzen Futtersäcke auf und klettern zum Spaß überall hoch. Wenn der Hirte Verdacht schöpft, ist das Unglück meist schon geschehen.

Das Melken

Nach der Geburt der Zicklein geben die Ziegen Milch. Zweimal am Tag werden sie zum Melken in den Stall geführt. Die Ziegen gehen immer in derselben Reihenfolge in den Melkstand, wo sie ruhig stehen bleiben müssen. Sie werden entweder von Hand oder mit Hilfe einer Melkmaschine gemolken. Die Milch kommt in einen Tank und wird zu Frisch- oder Hartkäse verarbeitet.

 Im Stall fressen die Ziegen Heu und Kraftfutter.

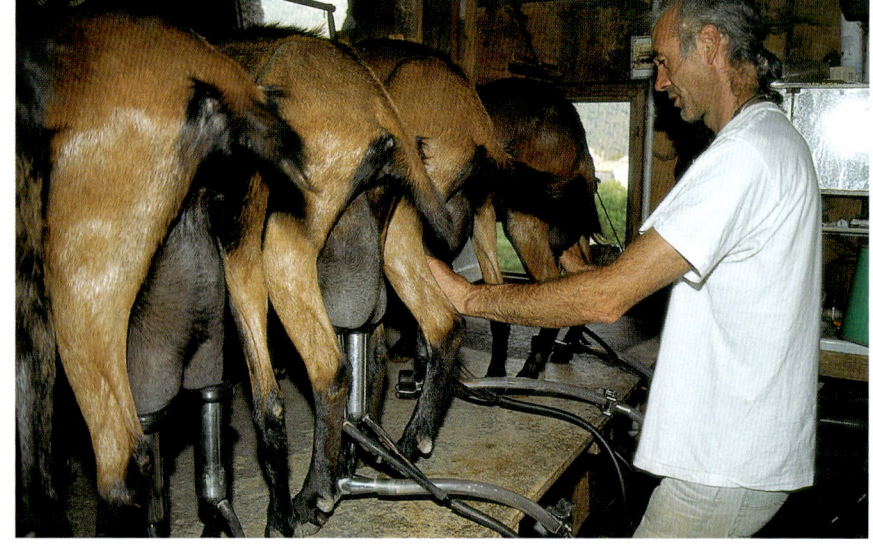

Der Ziegenhirte melkt die Ziegen morgens und abends. Das sollte möglichst immer zur gleichen Zeit geschehen.

Ziegen brauchen einen Salzleckstein, damit ihre Knochen fest werden und sie gute Milch geben.

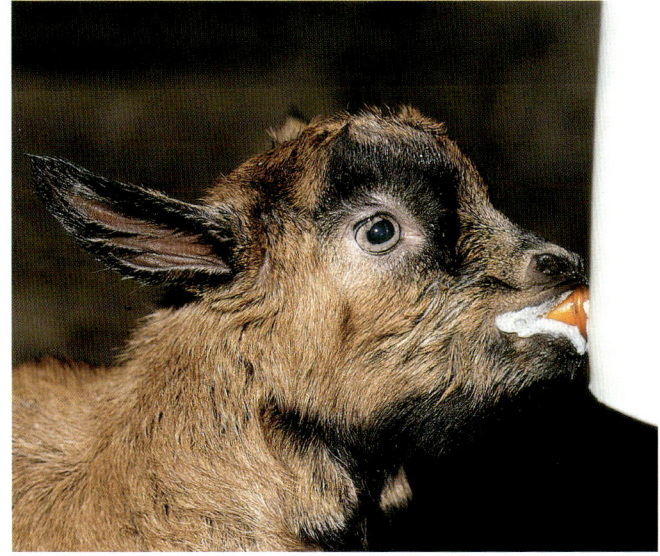

Wenn die Mutterziege gemolken wird, bekommt das Zicklein die Flasche.

Artenschutz

Nutztiere

Weltweit gibt es etwa 400 Millionen Ziegen. In armen Ländern spielen sie eine wichtige Rolle. Sie geben Milch, Fleisch, Leder und Wolle.
In Indien und China werden die größten Ziegenherden gehalten.

 Ziegen werden bereits seit 10.000 Jahren als Haustiere gehalten und sind dem Menschen noch immer von großem Nutzen.

Luxuswolle

Angoraziegen werden wegen ihres feinen, glänzenden Fells geschoren. Die Fasern werden sorgfältig gesammelt und zu Mohairwolle gesponnen. Eine Ziege gibt jährlich drei bis fünf Kilo dieser wertvollen Wolle, aus der warme weiche Schals, Decken, Handschuhe und Pullover hergestellt werden.

 Die Schur geht schnell und tut nicht weh.

Artenschutz

Feuerschutz

Ziegen fressen viel Gestrüpp und verhindern so, dass sich Brände im Unterholz ausbreiten können.

Tanz und Gesang

In vielen Ländern wird Ziegenfell für Musikinstrumente verwendet, etwa für Dudelsäcke oder Tamtams. Dafür werden die Felle zu Leder gegerbt, das nicht mehr verderben kann.

Ziegenkäse

Seit langer Zeit wird Käse aus Ziegenmilch zubereitet. Ziegen geben jährlich etwa 600 Liter Milch. Zunächst lässt der Hirte die Milch gerinnen, dieser Vorgang wird Dicklegen genannt. Dann wird sie mit dem Käsesieb entwässert.
Ziegenfrischkäse kann man auch mit Zucker kombinieren. Ziegenhartkäse wird in einem dunklen Raum bei 12 °C gelagert.

 Der Käse reift vier bis sechs Monate und bekommt so seinen unvergleichlichen Geschmack.

Familienalbum

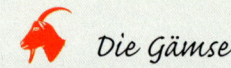
Die Gämse

Die Verwandten

Ziegen gehören zur Ordnung der Paarhufer und zur Gattung der Böcke. Es gibt zweihundert unterschiedliche Ziegenrassen. Sie haben wie ihre wilden Artgenossen je Huf zwei Klauen und mehr oder weniger große Hörner.

Gämsen leben in den Alpen und den Pyrenäen. Sie können hervorragend klettern. Im Winter suchen sie in tiefer gelegenen Wäldern nach Nahrung.

Der Steinbock

Steinböcke leben im europäischen Gebirge. Früher wurden sie in großer Anzahl gejagt und gewildert, aber heute stehen sie unter Artenschutz. Die Männchen haben lange krumme Hörner und ein weißes Hinterteil. Die Weibchen haben nur ganz kleine oder gar keine Hörner.

Familienalbum

Dickhornschafe weiden in den westlichen Bergen Nordamerikas und Kanadas. Sie leben in großen Herden.

Der Moschusochse

Das Dickhornschaf

Moschusochsen sind kleiner als Hausochsen. Sie grasen in der Tundra im hohen Norden Kanadas, in Grönland und Skandinavien.

Schnee- oder Bergziegen sind nur in Nordamerika verbreitet. Ihr dickes Fell ist weiß, und sie haben zwei schwarze, schmale Hörner.

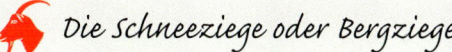
Die Schneeziege oder Bergziege

29

Einige Fragen zum Leben der Ziegen.
Die Antworten findest du in diesem Buch.

Wo halten sich Ziegen auf, wenn sie nicht im Freien sind? 6, 7
Warum übernachten Ziegen im Stall? 6
Mit welchen Lauten verständigen sich Ziegen? 7
Sind Ziegen Einzelgänger? 7, 20
Wie nennt man die männliche Ziege? 8
Woran erkennt man den Bock? 8
Was tun Ziegen, wenn sie Angst haben? 8
Wie sehen die Hufe der Ziegen aus? 9
Wie sehen die Augen der Ziegen aus? 9
Was versteht man unter den Glöckchen? 9
Was fressen Ziegen? 10, 11
Warum klettern sie manchmal auf Sträucher? 11
Was versteht man unter Wiederkäuen? 12, 13
Wie verhält sich der Bock zur Paarungszeit? 14, 15

Warum riecht er so streng? 15
Wie lange sind Ziegen trächtig? 15
Wieso können Ziegen auch Zwillinge säugen? 16
Wie verhält sich ein neugeborenes Zicklein? 17
Ab wann sprießen die Hörner der Zicklein? 17
Wie lange werden die Zicklein gesäugt? 18
Warum kämpfen Zicklein zum Spaß? 19, 20
Was ist die Aufgabe der Leitziege? 20
Welche Dummheiten stellen die Ziegen an? 22, 23
Wie werden die Ziegen gemolken? 24
Warum werden Zicklein mit der Flasche aufgezogen? 25
Warum brauchen die Ziegen einen Salzleckstein? 25
Warum halten die Menschen Ziegen? 26, 27
Welche anderen Ziegenarten gibt es? 28, 29

Fotos © Agentur COLIBRI

A. Bagbert: Titelfoto; D. Magnin: Foto der Rückseite, S. 4, S. 16 (u.), S. 17 (o.), S. 19 (o., u.), S. 23 (o.), S. 24-25 (o.), S. 26-27; P. Polette: S. 6-7, S. 8, S. 11, S. 15 (o.); G. Abadie: S. 9 (u.); A. Letteve: S. 10 (o. r.); J.-L. Paumard: S. 12 (u.); M. Teulet: S. 14-15; C. Simon: S. 20-21; A. Guerrier: S. 22 (u.); F. et J.-L. Ziegler: S. 23 (u.); C. Baranger: S. 25 (u. l.), S. 26 (u.); J.-M. Pouyfourcat: S. 27 (u.); J.-L. Ermel: S. 29 (o. r.); M. Dubois: S. 29 (o. l.); M. Blachas: S. 29 (u. r.).

Fotos © J.-F. Noblet: S. 9 (o. l., o. r.), S. 10 (o. l., u.), S. 12-13 (o.), S. 13 (u. l., u. r.), S. 16 (o.), S. 17 (u.), S. 18, S. 21, S. 22 (o.), S. 24 (u.), S. 25 (r.), S. 28 (u. l., o. r.).
Layout: Dominique Dastrevigne

© Éditions Milan 2005 – 300, rue Léon-Joulin, 31101 Toulouse Cedex 9, Frankreich
Die französische Originalausgabe erschien erstmals 2004 unter dem Titel
»La chèvre, agile grimpeuse« bei Éditions Milan. Herausgeberin: Valérie Tracqui
www.editionsmilan.com

Aus dem Französischen von Anne Brauner
Alle Rechte der deutschsprachigen Ausgabe:
© 2006 Esslinger Verlag J. F. Schreiber
Anschrift: Postfach 10 03 25, 73703 Esslingen
www.esslinger-verlag.de
ISBN-13: 978-3-480-22209-4
ISBN-10: 3-480-22209-9